[illegible]

[illegible]

[illegible]

[illegible]

# LETTRES

## SUR LE

## BESOIN DE QUELQUES RÉFORMES

## EN FRANCE.

## PARIS,

LE NORMANT, IMPRIMEUR-LIBRAIRE.

1815.

# LETTRES

## SUR LE

## BESOIN DE QUELQUES RÉFORMES

## EN FRANCE.

## LETTRE PREMIÈRE.

Des moyens d'éteindre l'usure. — Examen de la loi
du 3 septembre 1807.

Je ne saurois, Monsieur, deviner dans quel dessein Buonaparte suspendit la loi du 3 septembre 1807, qui fixe l'intérêt de l'argent à cinq pour cent en matière civile, et à six en matière de commerce. L'expérience de tous les âges et de tous les pays, prouve que les tyrans ont toujours regardé la morale comme accessoire, et non comme essentielle à la bonté des lois. Une loi faite pour corriger les mœurs, devoit nécessairement rencontrer le caractère de Buonaparte, et se teindre de ses passions, qui lui persuadoient que la violence est le seul soutien d'un gouvernement. Une maxime que cet homme n'a jamais comprise, c'est qu'un législateur ne peut suspendre le cours de ce qui est honnête, et rendre légitime dans un temps ce qui est criminel en soi.

Quoi qu'il en soit de la manière dont Buonaparte traitoit la morale, la loi du 3 septembre, ayant cessé d'être suspendue depuis le 1<sup>er</sup> janvier 1815, doit-elle produire l'effet qu'on en avoit attendu lors de sa création? Telle est la question qu'il importe d'examiner.

Cette loi renferme deux motifs qui firent honneur, dans les temps, au gouvernement : le premier, la ferme volonté d'abattre cette immoralité qui s'est accoutumée à ne rougir de rien, pourvu que sa laideur se couvre d'or; le second, d'attacher à leur pays les citoyens, en donnant une grande valeur aux propriétés territoriales. C'étoit là, sans doute, un tableau bien enchanteur pour l'honnête homme qui gémissoit de tous les maux que l'agiotage , dont les poisons ont filtré partout, a porté dans les familles.

En effet , les spéculations de l'avarice avoient si bien changé toutes les idées du système économique , que , tandis que celui qui se condamnoit au travail , ne pouvoit arriver qu'à la pauvreté , au milieu des travaux d'une honnête industrie il falloit , pour devenir riche , prendre seulement la facile résolution de vivre dans la paresse.

Le résultat d'un tel contre-sens dans l'ordre social , eût été de produire une paralysie sur toutes les parties du corps politique. De tous côtés on abandonnoit la culture des arts utiles , qui ne conduisoit qu'à la misère , pour se livrer à une oisiveté féconde qui convertissoit tout en or. Le gouvernement vit ce torrent dévastateur de toute prospérité nationale , et il voulut en arrêter le cours.

Mais les moyens répressifs de la loi ont-ils produit l'effet qu'on s'en proposoit? Je crois que non. Tout le monde sait que l'agiotage a perdu aujourd'hui beaucoup de son activité ; mais personne n'en attribue la cause à la loi qui devoit le réprimer, mais à la guerre , qui, en anéantissant le commerce et l'industrie , a fait disparoître le numéraire de la circulation. Si le principe n'en est pas détruit, il n'y a pas de doute qu'il ne reprenne toute sa force à l'ombre de la paix qui doit ramener la prospérité du commerce. Les raisons que j'ai à donner sont fondées sur l'expérience.

Mais avant d'entrer en matière, je crois qu'il est à propos de dire un mot sur les causes qui ont produit un si grand nombre d'agioteurs, et sur celles qui avoient mis l'intérêt de l'argent à un taux si exorbitant.

Lorsque dans un pays où les mœurs sont corrompues, une révolution vient de briser toutes les inégalités qui existoient parmi les citoyens dans l'ordre social, les hommes se trouvant tous de niveau, et tout'ce qui faisoit naître de l'illusion ayant cessé d'exister à leurs yeux, l'argent qui est le prix de toutes choses, doit seul établir des distinctions; ou plutôt chacun se persuade qu'il ne peut se faire distinguer qu'en ayant beaucoup d'argent. De là une révolution dans les esprits : on ne court point après les honneurs, pour avoir ensuite des richesses; mais l'on court d'abord aux richesses, parce qu'on sait qu'elles conduiront directement aux honneurs.

Une conséquence qu'il faut aussi tirer

de là, c'est qu'il doit y avoir une progression dans le luxe. Toute distinction de naissance ayant cessé, le faste devient la seule marque distinctive ; et comme toutes les fois que les hommes sont placés sur la même ligne, nul ne veut servir d'ombre à son égal, chacun se croit obligé d'éclipser le luxe de son voisin.

Règle générale : lorsque, chez un peuple, l'honneur et la vertu ont cessé d'être ce qu'on y estime le plus, s'il y a cependant quelque chose qui soit mis au-dessus de la richesse, fût-ce même un préjugé, il faut avoir grand soin de le conserver. Le seul avantage peut-être que présentassent autrefois les traitans parmi nous, c'étoit que tout le monde avoit droit de les mépriser : ce mépris rappeloit à chaque instant au citoyen que la richesse n'étoit pas ce qu'il y a de plus précieux dans le monde.

Je ne veux cependant pas dire par là, qu'il y eût plus de vertu en France, dans les premiers ordres de l'Etat, que dans le reste des citoyens ; mais l'interdiction qui étoit imposée à leurs membres, de devenir riches par certains moyens, l'obligation même où ils étoient de n'arriver à la fortune qu'en suivant la carrière que leur offroit leur rang, étoient les

seuls agens qui conduisoient ces individus pendant le cours de leur vie ; mais lorsque toutes
ces institutions ont été détruites, chacun ne
pouvant plus rien attendre de sa position politique, a cherché la fortune où il a cru la trouver : le noble, le moine et le bourgeois ont
été concurrens d'agiotage ; et l'excuse de tous,
pour se justifier de leur conduite, a été de
dire : *Il faut que je vive.*

Si ce sont là les causes qui ont porté tant de
gens à faire le métier d'agioteurs, il faut aussi
chercher les causes qui ont fait passer dans
leurs mains la majeure partie du numéraire qui
étoit en circulation ; car, puisqu'il suffisoit
d'être agioteur pour devenir riche, il faut bien
qu'il y ait eu, si je puis parler de la sorte, une
force d'attraction qui portât le numéraire dans
les banques de l'agiotage.

Avant la révolution, les propriétés foncières
avoient moins de valeur qu'elles n'en ont eu
depuis. L'abolition de la féodalité ayant dé-
gagé le territoire de la France de beaucoup
d'entraves, et tout le monde voulant jouir de
l'agrément d'avoir une propriété foncière, on
s'est précipité partout où l'on a cru trouver
de l'argent, afin de pouvoir acheter. La con-
currence fit bientôt hausser le taux de l'ar-

gent. Cette hausse n'a pas d'abord été assez considérable pour empêcher les hommes d'avoir le désir de devenir propriétaires de fonds ; mais comme la nature est moins abondante dans ses productions que l'avarice n'est féconde dans ses opérations, il n'y eut bientôt plus de balance entre la fertilité des biens et le produit des banques. Soit parce qu'on tient à une propriété que l'on a achetée, ou que l'on a reçue de ses pères ; soit parce qu'on est toujours porté à se faire illusion sur sa position présente, lorsqu'on peut éloigner le moment de la crise ; soit plutôt qu'ayant vu les propriétés foncières avoir acquis une grande valeur, on n'ait pu se résoudre à rabaisser cette valeur, on s'est habitué à prendre de l'argent chez les capitalistes, quelqu'énorme que fût l'intérêt. Un espace de quelques années a suffi pour faire passer tout le numéraire chez les banquiers. Ajoutez que la France, privée de son commerce extérieur, ne pouvoit remplacer, par le produit de son sol et l'industrie de ses manufactures, l'argent qui sortoit des mains du cultivateur, et de celles de l'artisan, pour passer dans celles du prêteur : c'est alors qu'un cri général de douleur et d'indignation se fit entendre contre l'usure. Dans cette situation singulière, où les propriétés territoriales avoient une grande valeur dans l'opinion publique, et où l'engorgement du numéraire, chez quelques individus, empêchoit que l'on pût vendre ou acheter, le gouvernement fit une loi pour rétablir la circulation de l'argent dans le corps politique.

Un bienfait inappréciable attaché à cette loi, c'est de mettre fin à cette maxime si funeste et si commune, née pendant la révolution, que l'argent est déclaré marchandise ; comme si l'argent, qui est le prix de toutes choses, pouvoit se vendre. Dans tous les contrats qui se font parmi les hommes, on cherche, autant qu'il est possible, l'égalité, en sorte que l'on reçoive autant que l'on donne ; mais il n'existe plus d'égalité entre l'argent que vous me donnez, et l'effet que je vous confie, qui est un tiers en sus de ce que je reçois. Pour établir cette égalité, il faut partir d'un point reconnu ; c'est-à-dire l'argent que vous me prêtez pour un an, vaut un fonds de terre qui doit me donner un revenu de tant ; par conséquent, je vous dois ce revenu : ajoutez-y, si vous voulez, la chance des événemens, que court le prêteur ; et l'agrément que doit avoir l'emprunteur, d'avoir un bien qui repose sur un fonds certain; mais tout cela ne peut pas établir l'égalité qu'exige tout contrat fait parmi les hommes. Mais, dites-vous : il est possible qu'avec mon argent, vous achetiez une propriété qui vaille le double de ce qu'elle vous sera vendue. Cela arrive quelquefois ; mais si, d'après ce raisonnement, le capitaliste pouvoit vendre, et non louer son argent, il en résulteroit que le capitaliste joueroit contre celui qui emprunteroit, et qu'il ne prêteroit pas. Or, l'avantage du jeu étant pour le banquier, un tel contrat ne peut recevoir de validité devant les lois, quoique, sur cent joueurs, il y en ait un qui gagne, tandis qu'il y en a quatre-vingt-dix-neuf qui se ruinent. D'ailleurs, les lois faites pour le général des citoyens ne voient que les objets les plus ordinaires, de la société ; et s'il y a des cas particuliers, ce sont des exceptions qui rentrent dans la classe générale.

Lorsque la corruption des mœurs s'étaie d'une maxime qui est reçue dans la société, elle est d'autant plus funeste, qu'elle s'appuie même, dans ses œuvres, de l'autorisation des lois. Si une loi vient détruire cette maxime, quelque défectueuse que soit cette loi dans certaines dispositions, elle n'en doit pas moins être bénie pour tous les honnêtes gens.

Le premier défaut que je reproche à la loi du 3 septembre 1807, c'est d'agir trop directement. Une loi qui ne peut produire son effet que parce qu'il faut qu'elle corrige les mœurs de la nation, pour qui elle est faite, doit plutôt agir par des moyens indirects, qui, en guidant le citoyen, le règlent dans sa conduite, que par un moyen direct, qui, en appliquant une peine, indique toujours comment on peut l'éviter. Quand il s'agit de réformer les mœurs, c'est moins une loi pénale qu'il faut, qu'une loi qui prépare les hommes à changer leurs habitudes. Il faut faire ce que fait un habile médecin, qui, dans une maladie grave, applique des remèdes qui, par leur nature, ne sont pas destinés à guérir, mais qui préparent la guérison en changeant les humeurs de place et en les forçant de se mettre dans leur équilibre. Tout législateur qui veut opérer un changement dans les mœurs, doit se pénétrer de cette vérité, qu'une loi faite pour corriger, ne peut produire un effet subit. Imitez le cours de la nature dans vos lois, elle ne donne point des fruits subitement ; mais la Providence a voulu que la végétation précédât la maturité. Il s'agit ici de combattre l'avarice ; c'est une place trop bien fortifiée pour croire que vous l'emporterez d'emblée. Entourez-la de toutes parts, faites des lignes de circonvallation, ouvrez la tranchée; en un mot, vous ne vous en rendrez maître qu'après avoir fait tomber sous vos coups tout ce qui la défend.

Un second défaut, c'est d'avoir placé le moyen de l'exécution dans une dénonciation. Le prêteur qui fera toujours la loi à l'emprunteur, prendra tous les moyens pour qu'on ne puisse l'atteindre, et il se fera payer du danger où il se met par la contravention. Je le demande, quel est le citoyen qui se rendra le dénonciateur de celui qui lui a prêté à un intérêt prohibé par la loi ? L'honnête homme croira son honneur compromis par une telle démarche, et il préférera de supporter sa peine. Si c'est un homme d'une mauvaise réputation qui dénonce son prêteur, voilà le juge embarrassé pour prononcer entre deux êtres qui sont tous les deux capables des faits qu'ils se reprochent : l'un, d'avoir exigé plus qu'il ne devoit; l'autre de nier, d'avoir reçu moins qu'on ne lui a donné : mais, supposons qu'un homme reconnu pour probe , étant poursuivi impitoyablement par un créancier, se décide à révéler à la justice qu'on a exigé de lui un intérêt usuraire, dès ce moment toutes les bourses des capitalistes ne lui seront-elles pas fermées? Ce n'est peut-être pas là un grand malheur pour lui ; car, pour celui qui a quelques propriétés foncières, il vaudroit beaucoup mieux qu'il se décidât à en vendre une portion, que d'aller puiser dans la banque des capitalistes. Mais le mal est que cet infortuné débiteur, qui sera pour les prêteurs, ce qu'un poltron étoit à Sparte, servira d'exemple à ceux qui voudront emprunter. On n'emprunte point une seule fois, on a besoin de renouveler : tous les emprunteurs, voyant le sort auquel est réduit celui qui a hasardé une telle dénonciation, se garderont bien de dénoncer; et l'avarice qui profite de tout, s'enrichira même par les peines inventées pour la réprimer.

Sera-ce le ministère public qui interviendra d'office pour faire punir un pareil délit? Il ne peut le poursuivre qu'en faisant une enquête ; s'il fait entendre dans ses informations un homme qui a l'apparence d'une fortune aisée et assurée, la comparution de cet homme, dans une pareille procédure, peut être pour lui de la plus grande importance ; la certitude qu'il a emprunté d'un tel individu, qui ne prête qu'à tel taux, peut donner la plus dangereuse méfiance sur sa fortune, et porter un grand préjudice à son crédit. Fera-t-on entendre des hommes qu'on dira avoir été ruinés par l'usure? On ne verra en eux que des misérables affamés qui vont se persuader que la fortune de l'accusé doit leur être donnée en dédommagement.

On s'appuie sur ce que cela se faisoit bien autrefois, et que l'on voyoit souvent les lois atteindre les usuriers. Pour raisonner d'après ce qui se faisoit avant la révolution, il faut comparer les temps. Autrefois il y avoit moins de capitalistes et moins d'ambition de devenir riche subitement; moins de changement dans les fortunes, et moins de luxe dans les dépenses. — Autrefois, celui qui, sans être banquier, plaçoit ses capitaux, étoit flétri dans l'opinion publique, par conséquent il étoit facile de l'atteindre : la notoriété publique l'accablant de son poids. — Autrefois il y avoit, si je puis parler ainsi, plus de desir de conserver que de soif d'acquérir. Il s'ensuivoit de là que l'on voyoit souvent des gens qui entassoient leur argent, mais peu qui le plaçassent à intérêt.

Pour fixer l'intérêt conventionnel, on doit le considérer dans le rapport de la valeur de l'argent avec la valeur et le produit des propriétés. Il n'y a point, dans l'ordre social, un taux absolu pour l'intérêt ; il doit toujours être relatif à l'abondance des espèces mises en circulation, et à la prospérité du commerce. C'est au législateur à le fixer à des époques périodiques, afin de le mettre en équilibre avec ce qu'il représente.

Afin d'établir cet équilibre entre l'argent prêté et ce qu'il doit représenter, il faudroit que celui qui a recours au capitaliste y fût conduit, non par la nécessité, mais par l'assurance qu'il a que l'argent qu'il emprunte sera placé sur un gage sûr. Si l'on pouvoit chasser de chez les prêteurs tous les dissipateurs et tous les nécessiteux dont les fortunes vont s'engloutir dans leurs caisses, ce qui rend l'intérêt de l'argent si exorbitant, parce qu'à quelque prix qu'il soit, on est assuré que ces infortunés le prendront, on verroit bientôt se balancer le besoin de l'emprunteur et l'argent du prêteur. Bien certainement ce dernier n'aura jamais recours au capitaliste, que lorsqu'il aura la persuasion d'un bénéfice certain ; et le prêteur n'enflant plus ses coffres des

débris de la fortune des nécessiteux, se trouvera obligé de prêter au taux que fixeroit la
spéculation de celui qui n'emprunte que pour
augmenter sa fortune. Ainsi se renouvelleroit
le mouvement de rotation qui a eu lieu un
instant, bien court à la vérité, entre la valeur
des biens et la valeur de l'argent ; avec cette
différence que le mouvement de l'argent ne
recevant plus d'activité de la part de ceux qui
sont pressés de se ruiner, se régleroit sur la
marche des gens sages.

Mais, allez-vous me dire, voulez-vous donc
partager les citoyens en deux classes, les nécessiteux et les riches ? Faire, dans chaque
département, le tableau de ceux qui auront
le pouvoir d'emprunter et celui de ceux qui ne
l'auront pas ? Non, Monsieur, je ne veux point
humilier l'amour-propre pour faire la guerre
à l'avarice ; je sais que j'aurois à combattre
ceux même que je veux secourir. L'amour-
propre est une passion trop susceptible pour
croire qu'elle va se couvrir des haillons de la
pauvreté, lors même qu'elle n'a rien pour se
vêtir. Mais avant de vous faire part de mon
projet, permettez-moi de vous communiquer
quelques réflexions qui en seront comme le
préliminaire.

Il est reconnu que ce n'est pas celui qui fait de bonnes affaires, mais celui qui en fait de mauvaises, qui enrichit le capitaliste. Qu'un enfant de famille dissipé perde son père qui lui laisse une fortune considérable, cette riche proie ne tardera pas à devenir la pâture de cet usurier, légataire universel de tous les pères qui laissent des enfans prodigues. Mais, avant que cette catastrophe arrive, il se passe quelque temps. Si pendant cet intervalle le législateur avoit placé des barrières qui empêchassent le jeune dissipateur et l'usurier d'avoir des relations ensemble, combien de maisons qui s'écroulent sous les coups de l'usure, se soutiendroient par la seule force de la loi !

Un plus grand vice que je reproche à la loi du 3 septembre, c'est qu'agissant toujours directement, elle ne porte point ses coups où elle devroit les porter, c'est-à-dire, sur ce qui se fait dans le mystère. Qu'une loi fixe, par exemple, l'intérêt conventionnel qui aura lieu dans un acte authentique, cette loi est presqu'assurée de son exécution, et pourquoi? Parce que c'est là un acte public, et que l'homme le plus effronté dans le vice veut passer pour honnête. Il y aura toujours cette différence entre un acte public et un acte mystérieux consenti au profit d'un usurier, c'est que dans le premier, l'usurier ne voudra point paroître ce qu'il est, et que dans le second il voudra être ·ce qu'il est en effet. Mais pour ce qui est des lettres-de-change, des billets payables au porteur, c'est-à-dire, de tous les actes mystérieux faits dans les ténèbres, c'est là que le législateur doit donner tous ses soins; c'est là que la police de la loi, si je puis m'exprimer ainsi, doit suivre tous les détours et les circuits de la cupidité; et cela, par la même raison qu'il se commet toujours plus de vols pendant la nuit que pendant le jour.

Si l'usurier savoit qu'une peine l'attend , lorsque ce jeune fou ( l'emprunteur ) aura mangé son patrimoine, ne seroit-il pas plus réservé pour lui prêter de l'argent? Certes, il ne lui en prêteroit pas. Pour arriver à ce but, voilà ce que je voudrois proposer : tous les protêts de lettres-de-change ou de billets payables au porteur, qui seront faits à tout autre qu'à un *banquier ou à un marchand*, seront communiqués au procureur du Roi de l'arrondissement où ils seront faits. A cet effet le procureur du Roi aura un registre où il inscrira les noms du débiteur et de celui qui aura prêté ses fonds , ou passé l'ordre avec la date du protêt.

Lorsque la vente du bien , ou d'une portion de bien d'un citoyen , sera ordonnée en justice, après avoir été annoncée dans la feuille hebdomadaire du département , le procureur du Roi de l'arrondissement du débiteur fera inscrire dans la feuille suivante les noms de ceux qui ont fait protester depuis cinq ans des effets contre cet individu dont les biens doivent se vendre en justice. Comme c'est ici une loi qui doit avoir plus ou moins de force par l'opinion publique qui infligera une flétrissure , la même feuille contiendra le nombre des enfans du débiteur.

Lorsque le nom de la même personne aura été mis deux fois dans une feuille hebdomadaire pendant les cinq ans, en qualité de prêteur aux nécessiteux et aux dissipateurs, le procureur du Roi , après avoir pris tous les renseignemens qu'il croira convenables sur la moralité de ce prêteur, adressera la communication des protêts qu'il aura reçus au procureur-général près la cour royale du domicile du prêteur. Alors celui-ci requerra près la cour royale qu'il soit fait défenses à tel individu qui a son domicile à tel endroit, de placer des capitaux, étant prévenu de les placer à usure. Le même arrêt enjoindra en même temps au condamné d'apporter tous les effets qu'il peut avoir entre les mains , au procureur du Roi de son arrondissement, qui leur donnera une date certaine en les visant et les paraphant. Il sera en outre ordonné que le présent arrêt sera imprimé dans les feuilles hebdomadaires des départemens du ressort de la cour royale.

Il me semble que le premier bienfait qui résulteroit de cette loi , seroit de faire naître la crainte dans l'esprit de ceux qui prêtent à gros intérêt; car s'ils ne peuvent prêter à gros intérêt qu'à ceux qui font de mauvaises affaires, plus l'intérêt qu'ils retireront sera exorbitant, plus la peine sera inévitable. Cet usurier qui fait son profit de ce fou qui, sortant d'une académie de jeu où il a perdu tout son argent, emprunte à trente pour cent, éprouvera un sentiment de terreur en songeant que s'il est un des instrumens de sa ruine, il en sera puni par la flétrissure et la privation de ne pouvoir plus prêter. En second lieu, ce même usurier qui fait trembler son débiteur par la menace d'un protêt, tremblera lui-même de ce résultat ; et il faudra en venir à une capitulation dans laquelle le prêteur sera obligé de faire des sacrifices , ce qui le dégoûtera d'un tel commerce. Insensiblement on s'habituera à ne vouloir placer ses capitaux que sur des hommes rangés. Celui qui se présentera chez un capitaliste avec la réputation d'avoir de l'ordre dans ses affaires , de travailler à laisser de l'aisance à ses enfans , sera sûr de trouver l'argent dont il aura besoin. Enfin une bonne conduite , l'amour du travail seront la pre-mière caution que l'on exigera d'un emprun-teur ; tandis que l'inconduite , la débauche ne pouvant s'alimenter chez l'usurier, ne s'em-pareront plus d'un argent qui ne doit sortir de la caisse du capitaliste , que pour porter la fertilité dans nos campagnes , et l'aisance dans la maison d'un père de famille.

Je sais que les biens de tous ceux qui mangent leur fortune , ne sont pas toujours vendus en justice ; mais la crainte que cela n'arrive retiendra cet usurier qui verra sans cesse devant lui la loi prête à l'envelopper. Une loi qui aura prise pendant cinq ans sur sa personne , dont lui-même il aura provoqué l'effet par les coups qu'il aura portés à son débiteur, arrêtera ses calculs et fermera sa bourse à celui qu'il n'aura plus lè pouvoir de ruiner. Mais ce n'est pas tout, il y a une autre chance à courir : le dissipateur riche semble donner, par sa grande fortune, une assurance que ses biens ne se vendront pas en justice ; en conséquence l'on peut, sans aucun danger, faire protester les effets qu'il a consentis. Cet homme cependant peut venir à mourir et laisser des enfans mineurs avec beaucoup de dettes. Alors le conseil de famille, voulant liquider la succession, fait procéder à une vente en justice ; et voilà la feuille hebdomadaire qui vient réveiller l'attention publique.

Cependant, comme une loi ne doit jamais servir à favoriser la mauvaise foi , je voudrois qu'un protêt ne fût communicable au procureur du Roi que lorsqu'il seroit fait du vivant du débiteur ; parce qu'il pourroit arriver que des parens de mauvaise foi refusassent d'acquitter une dette légitime , en s'appuyant sur le motif que si l'on fait protester les effets du décédé , ils provoqueront une vente en justice , ce qui seroit fait pour intimider un homme attaché à son honneur, qui ne voudroit point voir son nom tenir la place de ceux qui seront regardés comme le fléau des familles.

Enfin, à quoi doit tendre le vœu de la loi? à donner de la valeur aux propriétés foncières, et à empêcher que celui qui veut acheter n'en soit privé par la trop grande hausse de l'argent. Mais ce seroit une mauvaise loi que celle qui ne voudroit point qu'il y eût de capitalistes : celui qui achète n'a pas toujours tout comptant l'argent qu'il lui faut, il a recours alors à un capitaliste ; mais il a d'avance calculé le temps où il doit le rembourser, ce que doivent lui rapporter son travail, son industrie, et quel doit être le revenu qu'il retirera du bien qu'il se propose d'acheter ; c'est d'après tout cela qu'il se décide. S'il n'avoit la ressource d'un capitaliste, il ne pourroit acheter ; tout doit donc se borner à faire en sorte que le capitaliste ne puisse, par ses gros intérêts, entraver celui qui veut acquérir une propriété. Pour en venir là, il faut donc que le cultivateur et l'artisan n'aient recours au capitaliste que lorsqu'ils croiront faire un bénéfice sur l'argent qu'ils emprunteront. Je ne cesserai de le dire : Que l'argent des capitalistes ne puisse plus sortir de leurs caisses pour aller couvrir des tables de jeu, et se perdre dans des dépenses folles du luxe ! alors le numéraire deviendra commun, et l'on en trouvera à un taux modéré.

# LETTRE SECONDE.

De la nécessité de réduire le nombre des tribunaux de première
instance.

La pauvreté et l'abattement d'un peuple tiennent souvent moins à l'énormité des impôts qu'il paie, qu'à un vice dans quelques-unes de ses institutions. En France, ce qu'il y a de plus ruineux, c'est le mode qu'on est obligé de suivre pour obtenir la justice. Si le sanctuaire en est ouvert à tout le monde, on doit convenir que pour y arriver, il faut couvrir d'or la voie qui y conduit.

Si nous cherchons à découvrir le premier vice qui règne dans l'ordre judiciaire, nous le reconnoîtrons facilement dans la multiplicité des tribunaux d'arrondissement. Lors de la dernière organisation, tout le monde s'attendoit à une réduction de ces tribunaux; mais Buonaparte, qui ne calculoit jamais sur l'influence de la morale dans les institutions faites pour régir la société, en ruinant la population des campagnes, cherchoit à ménager la populace des villes : le malheureux laboureur, qui conduisoit son fils au chef-lieu d'arrondissement, pour faire partie de la conscription, entendoit, pendant qu'il lui faisoit ses derniers adieux, le boucher et l'aubergiste faire l'éloge du règne de Buonaparte, qui leur faisoit vendre leurs provisions : c'est ainsi que la première racine de telles institutions tenoit à la canaille des villes.

Peu de tribunaux, et beaucoup de juges : telle étoit la maxime d'autrefois. Ce peu de mots, que l'expérience des siècles avoit consacrés, renfermoit un grand sens. Tous les lieux ne sont pas propres à devenir les oracles où doit se rendre la justice. Entre le juge et celui qui fait profession de faire obtenir la justice, il doit y avoir dans les rapports un certain éloignement qui empêche de trop confondre leurs intérêts. Or, cette distance ne peut se rencontrer que dans les villes d'un certain ordre, où un magistrat peut vivre sans être assailli par l'esprit des mêmes coteries ; et je dirai même par des liens de parenté : le frottement d'un corps s'imprime sur le fer qui le reçoit continuellement.

Si la justice est un droit que le juge applique,

la profession de la faire rendre étant très-lucra-
tive , il s'ensuit nécessairement que , plus il y a
de tribunaux, plus il y a de gens attachés à cette
profession ; et comme chacun cherche à étendre
son commerce, les procès doivent être dans
la proportion des personnes qui ont intérêt à
ce qu'on plaide.

On parle de donner de la considération à la
magistrature ; or , de la considération dans l'o-
pinion publique n'est autre chose qu'une influence de respect que reçoit cette opinion,
pour ce qui est présenté à ses yeux comme
respectable ; mais cette considération peut-
elle naître d'une petite ville qui occupe un tribunal? Non, parce que le spectacle qu'elle
présente n'est pas assez imposant.

Ainsi donc, la considération se mesurant
sur la grandeur et la dignité, ne peut prendre
son essor dans une petite ville qui sera toujours hors de proportion avec ce qui doit être
grand. Il n'en sera pas de même d'un tribunal
plus étendu, et dont le nombre des juges est en
rapport, si je puis parler de la sorte, avec le
terrain qu'ils doivent occuper. A mesure que
le rayon de sa jurisdiction s'étendra, l'on
verra plus de lumières et plus de mérite dans
celui à qui la confiance du prince donne le

pouvoir de juger sur un espace plus considérable. Dans les tribunaux qui existent, la considération pour la magistrature est trop mor-
celée ; réunissez en un seul tous les tribunaux
d'un département ; dès ce moment, il se for-
mera un faisceau de considération dont l'éclat
jaillira dans toute l'étendue du ressort.

Le pouvoir de produire de l'illusion n'est
pas arbitraire ; il est plus dans les élémens des
choses qui le constituent, que dans la volonté
de l'homme. Pour que la magistrature soit ce
qu'elle doit être, il faut d'abord qu'elle soit
comme elle doit être.

Le principe de l'illustration de cette magistrature ne peut se trouver que dans l'esprit de
corps, qui fait toujours que ses membres sont
ce qu'ils doivent être. Cet esprit de corps,
l'âme de toutes les grandes machines où est
caché le mystère du bonheur et de la sûreté
des nations, a besoin de ne s'appuyer jamais
que sur une autorité digne de le recevoir.

Si nous examinons actuellement la question
sous le rapport des talens et des lumières que
doit faire naître le barreau français, nous
reconnoîtrons qu'il ne peut y avoir de plus
mauvaise école que celle de ces petits tribunaux où le sentiment de la gloire et le

désir de se faire remarquer ne peuvent jamais émouvoir le cœur d'un jeune homme. Je sais bien que ce n'est point parce qu'il n'y aura qu'un tribunal par département qu'on doit s'attendre à en voir sortir de grands orateurs ; mais il faut à l'éloquence du barreau une pépinière où doivent prendre naissance les sujets, pour aller ensuite se transplanter dans les grandes villes, dont ils doivent devenir l'admiration et l'ornement. Or, je soutiens que rien n'est plus fait pour étouffer le germe du génie, qu'un petit tribunal où un jeune homme doit chaque jour sentir se refroidir son imagination, et s'habituer à parler continuellement un langage trivial. Ce qu'il y a de plus malheureux, c'est qu'il fera bientôt un métier de quelques phrases plates et banales, et ne verra plus que ce que peut lui rapporter la routine d'aller parler pendant quelques heures du jour devant trois juges. Mais si ce jeune homme avoit un auditoire plus nombreux et mieux composé, les applaudissemens du public, les encouragemens des juges, et la rivalité, qui nécessairement doit s'élever entre plusieurs jeunes gens de son âge, allumeront dans son âme le désir de se faire remarquer, et remueront en lui tout ce qui peut un jour lui donner de la célébrité. Ce n'est pas, je le répète, dans le tribunal d'un chef-lieu de département qu'il deviendra orateur ; mais c'est là qu'il éprouvera l'ambition de le devenir, qu'il se préparera à l'être, et que le besoin de l'illustration le transportera sur les lieux où la gloire doit le couronner. Qu'on n'espère pas que le feu sacré de l'éloquence se conservera dans les cours royales, et qu'elles suffisent pour le faire naître : les cours royales elles-mêmes ont besoin de se recruter aux dépens des tribunaux des départemens : et comment y parviendront-elles, si ces tribunaux ne leur fournissent rien pour les alimenter ? Elles seront donc réduites aux jeunes gens des villes où elles siégent. D'un autre côté, comment peut-on exiger qu'un jeune homme aille subitement dans une cour royale, si auparavant il n'a pas déjà essayé ses forces et reçu des applaudissemens sur un grand théâtre ? Avant qu'il ait pu attirer l'attention de la cour, plusieurs années se seront écoulées, et le dégoût aura remplacé le désir noble de vouloir être quelque chose. Le premier échelon pour arriver à l'éloquence du barreau, ne peut jamais être le tribunal d'une petite ville ; il faut un théâtre plus considérable, qui donne au jeune homme, non le caractère d'orateur, mais le présage de ce qu'il peut devenir un jour.

On me dira que l'on peut devenir jurisconsulte sans être orateur : oui; mais pourquoi séparer ce qui devroit toujours être uni, et pourquoi ôter au barreau français les foudres avec lesquels il doit attaquer et combattre?

« La jurisprudence, dit Cicéron, implore souvent le secours de l'éloquence, et lorsque l'éloquence ne s'y prête pas, elle a bien de la peine à garantir ses propriétés et ses foyers. »

Je viens de démontrer combien la gloire du barreau est intéressée à la réduction des tribunaux; il me reste à dire comment, après avoir établi un seul tribunal par chaque département, on pourroit en détacher un grand nombre d'affaires, en les soumettant à une jurisdiction plus simple.

Les rédacteurs du Code de procédure civile semblent toujours avoir craint de s'écarter dans leur marche du dernier passage de ce paragraphe de Montesquieu : « Si vous exa-
» minez les formalités de la justice par rap-
» port à la peine qu'éprouve un citoyen à se faire
» rendre son bien, vous en trouverez sans
» doute trop; si vous les regardez dans le
» rapport qu'elles ont avec la liberté et la

» sûreté des citoyens, vous en trouverez sou-
» vent trop peu ; et vous verrez que les peines,
» les dépenses, les longueurs , les dangers
» même de la justice, sont le prix que chaque
» citoyen donne pour sa liberté. »

Cette conduite est sans doute très-estimable,
et fait honneur à ceux qui avoient conçu un si
grand respect pour la propriété : mais on doit
éviter tous les extrêmes ; et qu'importe à
l'homme dont la fortune se réduit à peu de
chose , cegrand respect pour la propriété,
s'il est obligé de tout perdre en frais de procédure, avant de pouvoir faire liquider ce qu'il
réclame ? La propriété acquiert-elle un degré
de plus de sûreté , parce qu'elle va se fondre
entre les mains des avoués ? D'un autre côté ,
il semble qu'en faisant le Code, on ait pensé
qu'il ne devoit y avoir que les gens riches qui
fussent dans le cas de plaider, et qu'on ne devoit pas craindre de multiplier les incidens
pour disputer le terrain. Disons-le franche-
ment : toutes les petites fortunes de ceux qui
sont obligés, pour les défendre ou les récla-
mer, d'avoir recours aux tribunaux, sont le
patrimoine exclusif des hommes du Palais.
Comme on immoloit autrefois dans quelques
contrées, sans doute d'après un code, les

étrangers que la tempête y avoit jetés ; de même parmi nous le Code de procédure ne s'ouvre jamais que pour sacrifier la fortune de tous les malheureux que le sort a poussés dans le labyrinthe de la chicane. N'est-il pas constant que le présent le plus perfide qu'on puisse faire à un enfant qui a perdu ses père et mère, qui ne lui ont laissé que quelques meubles et un peu d'argent, c'est de lui donner un tuteur ? car il est certain que cet argent est destiné à aller un jour se perdre dans des paperasses de procédure. Comment pourroit-il en être autrement? Si le patrimoine de cet infortuné ne s'élève pas au-dessus de dix louis, il lui faut cette somme pour obtenir un jugement de reddition de compte. J'ai souvent pensé que si on élevoit un hôpital à côté de chaque Palais de Justice, et que les personnes ruinées par la procédure y fussent seules admises, c'est dans ces établissemens que l'on trouveroit le plus grand nombre des indigens qui couvrent le sol de la France.

Mais il ne suffit pas de dire ce qui existe, il faut chercher comment on peut y suppléer : je laisse à une main plus habile que moi à corriger les funestes effets de la procédure ; je me borne ici à indiquer les affaires que l'on pourroit soumettre à un mode plus simple.

Tout le monde a éprouvé les heureux effets de l'institution des justices de paix ; mais le législateur, en les créant, a senti l'inconvénient qu'il y auroit à confier une grande juridiction à un seul homme , et il en a borné la compétence en dernier ressort à cinquante francs. Cette mesure est certainement très-sage : un homme seul seroit entouré de trop de piéges s'il avoit à prononcer sur de grands intérêts. Donner une plus grande étendue à la juridiction des juges de paix , sans courir l'inconvénient de la partialité et du défaut de lumières d'un seul homme , c'est le problème dont la solution seroit de la plus grande utilité à la classe la plus nombreuse des Français. Admettra-t-on des assesseurs auprès de chaque juge de paix ? On a fait cette épreuve, et l'expérience a prouvé qu'elle ne peut devenir avantageuse. Ou ces gens seront payés , ou ils ne le seront pas ; dans le premier cas , outre qu'on augmente les charges de l'Etat, on retomberoit dans l'inconvénient des petites villes sur lesquelles le jeu des passions a trop de prise. Si on ne les paie pas , ces hommes dès lors très-insoucians sur leurs fonctions, ne procureront au juge de paix que la facilité de couvrir ses passions. De plus il seroit peut-être très-difficile de trouver dans chaque canton trois hommes capables de remplir des fonctions de juges.

Entre ce besoin d'être jugé par le juge de paix, et l'inconvénient de l'être, je crois que la sagesse consisteroit à ce que toutes les affaires mobilières et personnelles depuis cinquante jusqu'à huit cents francs fussent portées au tribunal du juge de paix qui, après avoir reçu les dires des parties, pris tous les documens qui peuvent servir à établir les faits, les adresseroit à un bureau composé de trois jurisconsultes, attaché auprès du tribunal du département. Les membres de ce bureau auroient les mêmes appointemens que les juges du tribunal. Sur toutes les affaires qui leur seroient dressées par les juges de paix, ils rédigeroient un jugement qu'ils donneroient en forme de conclusions. Dans le cas où le juge de paix partageroit leur avis, le jugement qui émaneroit de lui seroit en dernier ressort. Dans le cas contraire, le juge de paix, après avoir fait mention des conclusions du bureau, seroit

obligé de donner les motifs de son jugement ;
et l'affaire pourroit aller par appel devant le
tribunal du département.

En balançant ainsi l'autorité du juge de paix
par les lumières du bureau , et le pouvoir de
l'appel , je lui laisse néanmoins la liberté
d'obéir au sentiment de sa conscience , lorsqu'il sera convaincu qu'il doit juger autrement ; car un juge cesseroit de l'être, s'il étoit
dans la nécessité de juger d'après la conviction
des autres , et non d'après la sienne.

Quelques personnes voudroient peut-être
que les membres de ce bureau fussent des
juges du tribunal, qui se renouvelleroient à
tour de rôle , sauf à ceux qui en auroient fait
partie de ne pouvoir en connoître lorsque
l'affaire iroit en appel devant eux. Je ne puis
partager cette opinion. Nous avons parlé du
bien que produisoit l'esprit de corps , mais à
côté du bien est toujours le mal. L'esprit de
corps veut que ce qui émane de lui soit toujours ce qu'il y a de meilleur. Quoique ce ne
fussent pas les mêmes juges qui prononçassent,
le tribunal s'habitueroit insensiblement à croire
qu'un juge de paix ne doit pas s'écarter de
l'opinion de ses membres , et il trouveroit
même ridicule qu'il osât suivre la sienne. Ainsi,

bientôt on verroit un juge de paix ne conserver le caractère de juge que pour être l'or-
gane du bureau ; tandis qu'il est nécessaire que,
s'il n'est pas suffisamment convaincu par le
bureau, il juge d'après lui.

Il reste un seul obstacle à la réduction des
tribunaux, c'est la police correctionnelle. Sans
doute que toutes les affaires de ce genre ne
peuvent être jugées par le tribunal du département, ce qui emploîroit trop de temps ;
mais je crois que l'on peut parer à cet inconvénient, en laissant dans un certain rayon du
siége du tribunal du département la justice
correctionnelle se rendre comme elle l'est
actuellement. Puis on formeroit dans le reste
du département des arrondissemens qui
seroient composés, au moins, de quatre can-
tons. Il y auroit dans chaque arrondissement,
un procureur du Roi chargé de la connois-
sance et de la poursuite des délits, ainsi que
d'en faire régler la compétence par le tribunal
du département. Toutes les six semaines, les
juges de paix de l'arrondissement se réuniroient
au chef-lieu, et formeroient les petites assises
pour juger les affaires instruites de la police
correctionnelle. Le tribunal seroit composé de
trois juges ; le juge de paix du chef-lieu d'ar-

rondissement seroit le président. Quoiqu'il n'y eût que trois juges sur le siége, il y en auroit toujours quatre de convoqués, afin qu'il y en eût un qui pût remplacer soit le juge qui auroit fait la première instruction, soit celui du jugement duquel il y auroit appel. Les petites assises auroient un avantage, en ce que les jugemens seroient rendus plus près du lieu où auroit été commis le délit; que la moralité des prévenus seroit mieux connue, et qu'on auroit plus de connoissances locales, enfin, il y auroit moins de frais pour le déplacement des témoins.



FIN.